NOTICE BIOGRAPHIQUE

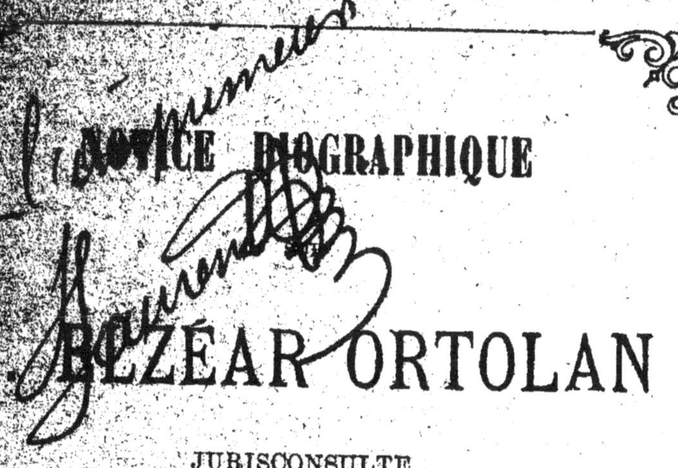

M. ELZÉAR ORTOLAN

JURISCONSULTE

PAR

T. ALIBERT

Prix : 50 Centimes.

TOULON

CLAVEL, LIBRAIRE

SUR LE PORT

AF391292

NOTICE BIOGRAPHIQUE

SUR

M. ELZÉAR ORTOLAN

JURISCONSULTE

PAR

T. ALIBERT

———•◦❭◦❬◦•———

TOULON

CLAVEL, LIBRAIRE

SUR LE PORT

Tout homme, en venant sur cette terre, reçoit des mains du Créateur une mission providentielle !

Les uns naissent poètes ou orateurs ; d'autres sont doués d'un esprit réfléchi qui les porte vers les études profondes.

M. E. Ortolan appartenait à cette deuxième classe des privilégiés de la Providence.

T. Alibert.

1er janvier 1880.

NOTICE BIOGRAPHIQUE

M. ELZÉAR ORTOLAN

JURISCONSULTE

PREMIÈRE PARTIE

S'il est un homme qui ait honoré par son travail la cité toulonnaise, qui le vit naître, c'est assurément M. Elzéar Ortolan, qui naquit à Toulon le 21 août 1802.

Cet homme éminent, dont nous nous proposons de retracer la carrière si bien remplie, était fils d'un ancien juge de paix de sa ville natale.

Son père, après avoir honorablement parcouru cette carrière modeste mais utile à tous, vivait à l'écart du monde des affaires dans une paisible retraite des environs de Toulon !

Une épidémie qui sévit sur Toulon devait lui être fatale. Tout dévoué au bien public, cet honorable magistrat, qui jouissait dans sa solitude des charmes de la vie des champs, vint reprendre volontairement ses fonctions, lorsque la mort le ravit à l'affection des siens !

Elzéar Ortolan, le premier de ses fils — car le second est mort, il y a quelques années, capitaine de vaisseau de la marine, en retraite, — après avoir commencé ses études à Nice, alla les continuer à Avignon.

C'est là, au milieu de la nature vivace des bords du Rhône, au milieu de l'activité intellectuelle de l'ancienne cité qui servit de résidence ou plutôt de prison à plusieurs souverains pontifes, qu'il sentit se révéler en lui le goût, qui ne l'abandonna jamais dans la suite de sa carrière, pour tout ce qui touchait aux belles-lettres !

M. Elzéar Ortolan commença ensuite ses études juridiques à Aix en Provence.

Reçu licencié à Paris, en 1826, c'est-à-dire à l'âge de vingt-quatre ans, le jeune Ortolan débuta au barreau comme avocat, dans une cause célèbre.

Dès ce moment il fait deux parts de sa vie : la première consistait dans les luttes du barreau, toujours si pleines d'émulation ; la seconde, dans l'étude du droit romain. Son important ouvrage sur les *Institutes de Justinien* parut en 1827.

L'impression produite dans le monde savant, dès l'apparition de cet ouvrage, fut considérable.

L'année 1829 vit créer à Paris de nouvelles chaires de droit. M. Ortolan, qui s'était pénétré des besoins de son époque, au milieu de laquelle le barreau l'obligeait à vivre, M. Ortolan réclamait avec raison, dans les revues du temps, la création d'un cours de droit pénal. « Cette étude, disait-il, serait autrement utile à la jeunesse que celle du droit des gens ! »

Reçu docteur en droit, en 1829, M. E. Ortolan, qui s'honorait de l'amitié de M. Dupin, procureur de la cour de cassation, déjà connu par ses solides travaux juridiques, fut choisi pour secrétaire de ce juriste éminent.

Ce fut dans ces modestes fonctions qu'il passa près de dix années de sa vie, collaborant aux revues de droit et se livrant à ses études favorites !

A la mort de M. du Pansay, auteur d'un traité sur les justices de paix, M. E. Ortolan publia une biographie de cet excellent magistrat, décédé président de la cour suprême.

L'activité de M. E. Ortolan se maintint presque toujours au même degré. Dès 1830, époque agitée pour la France, il fait à la Sorbonne un cours de droit constitutionnel qui dure près d'une année. Ce cours parut en 1831, en même temps qu'une étude sur le ministère public, cette dernière en collaboration avec un avocat de Paris.

Ce ne fut qu'en 1837 que l'on confia à M. E. Ortolan la chaire de droit pénal de Paris, qu'il occupa si dignement jusqu'à la fin de sa longue carrière!

DEUXIÈME PARTIE

Dès 1834, M. E. Ortolan, cédant aux idées du jour, collaborait aux diverses publications de son temps, avec un succès digne de son talent. Aussi, lorsque M. de Salvandy créa un cours de droit pénal, ce fut M. E. Ortolan qu'il désigna pour remplir ces délicates fonctions !

Fidèle à ses principes, M. E. Ortolan dut remonter aux sources du droit pénal, afin de fixer la doctrine, toujours si ingrate et si peu humaine, de notre droit pénal.

En 1840, M. E. Ortolan publie un ouvrage appelé *Introduction à l'étude du droit pénal.*

La même année, il publie aussi la biographie de M. Dupin aîné.

Toujours fidèle à ses amis de Toulon, M. E. Ortolan fit une tentative pour représenter sa ville natale à l'assemblée législative; mais il dut se retirer devant d'honorables candidatures locales.

Sympathique aux jeunes auteurs, M. E. Ortolan publia en 1842, en tête d'un charmant volume de M. Poncy, une étude d'encouragement pour ce jeune ami des muses.

Vers 1856, les écoles de droit, qui suivaient déjà, en majorité, son bel ouvrage sur le droit romain, adoptèrent avec faveur ses éléments de droit pénal.

Tant de travaux demandaient une récompense! M. E. Ortolan, chevalier de la Légion d'honneur depuis 1847, reçut, peu de temps avant la guerre de 1870, la croix d'officier de la Légion d'honneur!

La guerre le trouve à Paris, où il eut, à

un âge déjà avancé, à supporter les doulou-
reux événements du siége de la capitale.

Il ne déserta point son poste de profes-
seur, mais redoubla au contraire de zèle,
pour soutenir la jeunesse de Paris dans les
dures journées de cette époque néfaste!

Il vécut dans l'amitié de sa famille, de ses
élèves et de ses amis.

Enfin, le 27 mars 1873, M. Elzéar Ortolan
s'éteignit entouré de l'affection des siens.

Espérons que la ville de Toulon, en témoi-
gnage de sa reconnaissance, dénommera une
de ses rues ou une de ses places publiques
du nom de ce fils qui l'a tant honorée!

— Toulon, Typ. L. Laurent. —

www.ingramcontent.com/pod-product-compliance
Lightning Source LLC
LaVergne TN
LVHW020903200726
843508LV00003B/1309